Karl Marx

Wer war Karl Marx?

Inhaltsverzeichnis

Einleitung

Wer war Karl Marx? Karl Marx war nicht nur ein bedeutender Theoretiker des Kommunismus und der damit zusammenhängenden Philosophie, sondern arbeitete in Deutschland, Belgien, England und Frankreich unter anderem auch als politischer Journalist. Aus Karl Marx politischen und sozialen Ideen entstand der Marxismus, der die politische Landschaft bis in das 21. Jahrhundert prägte. Bis heute hat der Marxismus als politische Theorie nichts an Brisanz und Einfluss verloren – warum ist das so? Der Marxismus prägte die politische Stimmung weltweit: Von Deutschland, bis Russland, über Lateinamerika und Ostasien. Also ein guter Grund sich einmal näher mit der sozialistisch-kommunistischen Bewegung auseinanderzusetzen.

Oftmals werden die beiden Theoretiker des Sozialismus und Kommunismus, Karl Marx und Friedrich Engels, in einem Atemzug genannt. Aber wer war Friedrich Engels und in welcher Verbindung stand er zu Karl Marx? Auch diesem Geheimnis werden wir in diesem Buch auf den Grund gehen – und soviel vorweg: Friedrich Engels beeinflusste mit Karl Marx zusammen die politische Geschichte ganz bedeutend, da sie den Klassenkampf im 19. Jahrhundert initiierten! Und obwohl Karl Marx und Friedrich Engels vor rund 200 Jahren gestorben sind, haben sie als Personen, als Ideenträger, als Revolutionäre und politisch-soziale Aktive nicht an Interesse eingebüßt. Ganz im Gegenteil, die Philosophien Karl Marx und Friedrich Engels scheinen mehr diskutiert zu werden denn je.

Wie entwickelte Karl Marx seine politischen Theorien? Dazu schauen wir uns an, wie er aufwuchs, welchen Bildungsweg er ging und durch welche großen Denker seiner Zeit er beeinflusst wurde. Karl Marx zählte schon früh zu den politisch und wirtschaftlich interessierten Menschen. Im Laufe seiner persönlichen Reife wurde er letztendlich zu einem Revolutionär, dessen kritische und provokante Texte von den

Adeligen und Reichen der Gesellschaft verboten wurden. Die politische und gesellschaftliche Situation spitze sich so weit zu, dass Karl Marx schließlich nach England ins Exil ging, wo er auch starb. Wir werfen in diesem Buch einen Blick auf Karl Marx Lebensgeschichte, um den Marxismus und seine Auswirkungen besser verstehen zu können.

Was erwartet dich noch in diesem Buch? Natürlich sehen wir uns auch an, wie eine solche kommunistische, durch den Marxismus beeinflusste Gesellschaft aussah! Welche Bedeutung hat der Marxismus heute noch? Tauche ein in die Lebenswelt von Karl Marx, der die Welt veränderte!

Kapitel 1: Das Leben des Karl Marx

Karl Heinrich Marx wurde am 05.05.1818 in Trier geboren und starb am 14.03.1883 in London in der Gefangenschaft englischer Kapitalisten. Zunächst war Karl Marx deutscher Staatsbürger, aber aufgrund seiner revolutionären politischen Wirkung war er später zum Staatenlosen erklärt worden. Friedrich Engels war bis zum Tode Karl Marx einer seiner engsten Verbündeten und zusammen haben sie die Philosophie des Kommunismus und des Sozialismus auf weltweiter politischer Ebene verbreitet, sodass dies bis heute nachwirkt.

Karl Marx wurde in eine Gesellschaft hineingeboren, die sich besonders durch die großen Unterschiede zwischen dem reichen Fabrikbesitzer und den armen Arbeitern charakterisierte. Karl Marx nannte die Arbeiter das „Proletariat". Schon früh empfand Karl Marx diesen Zustand als Ungerechtigkeit und setzte sich für die Stärkung der Rechte der Arbeiter ein. Diese arbeiteten unter schlechtesten Bedingungen zu niedrigsten Löhnen für die Bereicherung der Fabrikbesitzer. Sein Ziel war es den Arbeitern durch eine Revolution gleiche Rechte wie den Fabrikbesitzern zuzusprechen. Er wünschte sich eine klassenlose Gesellschaft, in der es keine Ausbeutung und Ungerechtigkeit stattfindet.

Mit seinen acht Geschwistern wuchs Karl Marx in Trier auf. Er schloss das Gymnasium mit guten Noten ab und fing danach an, auf Wunsch seines Vaters hin Rechtswissenschaften zu studieren. Nach einigen Monaten wechselte Karl Marx allerdings zu den Fächern Philosophie und Geschichte. Noch während seiner Studienzeit begann Karl Marx bei der „Rheinischen Zeitung" als politischer Journalist zu arbeiten. Schnell entwickelte Karl Marx eine revolutionäre Denkweise durch die er sich gegen die Folgen der industriellen Revolution aussprach. Während der industriellen Revolution wurde das Handwerk durch große Fabriken verdrängt. Die Fabrikbesitzer konnten sich mittels der Ausbeutung der in den Fabriken arbeitenden Menschen immer mehr bereichern, während die arbeitende Schicht der Gesellschaft immer mehr unter den elendigen Zuständen litt. Seine Gedanken zu der politisch-gesellschaftlichen Situation verschriftlichte er. Karl Marx bekundete, dass die gesellschaftlichen Verhältnisse verändert werden müssten – diese kritischen Schriften wurden von den Reichen und Adligen verboten! Schon nach kurzer Zeit hatte Karl Marx es sehr schwer seinen Standpunkt in Deutschland zu äußern. Er entschied sich zugunsten seiner Meinungsfreiheit im Jahre 1843 nach Paris zu ziehen, wo er Friedrich Engels kennenlernte. Nur ein Jahr später musste er Frankreich aufgrund seiner politischen Aktivität verlassen. Kurze Zeit später wurde er auch aus Brüssel verwiesen, weswegen er im Jahr 1849 schließlich nach England zog, wo er im Jahr 1883 in Gefangenschaft von Kapitalisten starb.

Die jungen Jahre

Karl Marx Vater, Heinrich Herschel Marx (1777-1838), war Advokatanwalt und Justizrat in Trier. Er starb kurz nach Karl Marx zwanzigsten Geburtstag. Seine Mutter war Henriette Preßburg, die einer holländischen Rabbinerfamilie entstammte. Karl Marx hatte acht Geschwister: Sophie, Emilie, Mauritz, Hermann, Henriette, Caroline, Eduard und Louise. Heinrich Marx entstammte ebenso wie seine Frau einer Rabbinerfamilie. Nach dem Wiener Kongress im Jahr 1815 wurde die Stadt Trier der neugegründeten und preußischen Provinz Großherzogtum Niederrhein zugesprochen. Dies hatte zur Folge, dass der bekennende Jude Heinrich Marx seinem Beruf als Anwalt nicht mehr nachgehen durfte, weswegen die gesamte Familie zum protestantischen Glauben wechselte.

In den Jahren 1830-1835 besuchte Karl Marx das Gymnasium zu Trier, wo er auch das Abitur absolvierte. In dieser Schulzeit lernte er Edgar von Westphalen und seine Schwester Jenny von Westphalen kennen. Edgar von Westphalen wurde zu einem engen Freund und Jenny von Westphalen wurde im

Jahr 1843 zu seiner Ehefrau. Mit Jenny von Westphalen bekam Karl Marx in der Zeit ihrer Ehe sieben Kinder, von denen vier das Kindesalter nicht überlebten. Die Kinder Jenny, Laura und Eleanor traten in die politischen Fußstapfen ihres Vaters. Auch Edgar von Westphalen wurde später zum bekennenden Kommunisten.

Während seiner Schullaufbahn hatte Karl Marx Kontakt zu interessanten Persönlichkeiten, die ihn auf seinem Werdegang begleiteten und prägten. Dazu gehörten der Geologe und Historiker Johannes Steininger, der Theologe Johann Abraham Küpper, der Altphilologe Vitus Loers und der Gründer der Stadtbibliothek Trier Johann Hugo Wyttenbach.

Nachdem Karl Marx das Abitur mit einer Durchschnittnote von 2,4 abgeschlossen hatte, begann er Rechtswissenschaften und Kameralistik an der Universität Bonn zu studieren. Das Studium der Rechtswissenschaften hatte Karl Marx auf den Wunsch seines Vaters hin begonnen und brach es nach einem Jahr ab, um sich dann anderweitig zu orientieren. Er ging nach Berlin, wo er an der heutigen Humboldt-Universität Philosophie und Geschichte studierte. In dieser Studienzeit lernte Karl Marx die Junghegelianer/Linkshegelianer kennen. Diese beschäftigten sich eingehend mit der Philosophie Georg Hegels und sahen den preußischen Staat mit all seinen Entwicklungen, Systemen und Möglichkeiten als Errungenschaft, forderten aber die Weiterentwicklung dieser Prozesse zur Behebung der massiven Armut, für die Etablierung der Religionsfreiheit und zur Öffnung der Politik für die breite Bevölkerung. Nach seinem Abschluss an der Universität in Berlin promovierte er mit seiner Arbeit zur „Differenz der demokratischen und epikureischen Naturphilosophie“ an der Universität Jena. Aufgrund seiner linksorientierten politischen Haltung konnte Karl Marx seine Professur nicht antreten.

Mitarbeit bei der Rheinischen Zeitung für Politik, Handel und Gewerbe

Um das Jahr 1841 wurde die „Rheinische Zeitung für Politik, Handel und Gewerbe“ gegründet. Hier hatten politischen Journalisten mit einer oppositionellen Einstellung die Möglichkeit ihr Wort zu verbreiten und dies als Forum für politische Diskussionen zu nutzen. Karl Marx beteiligte sich rege an der Arbeit der „Rheinischen Zeitung“ und wurde alsbald zu einem der Hauptmitarbeiter der Redaktion. Bei seiner Arbeit bei der „Rheinischen Zeitung“ lernte er auch Friedrich Engels kennen, der später mit ihm den Marxismus begründete. Die einflussreichsten Staaten des Deutschen Bundes legten in den Karlsbader Beschlüssen bestimmte Zensurregelungen liberaler Tendenzen fest. Deswegen stand die „Rheinische Zeitung“ immer wieder vor Schwierigkeiten hinsichtlich der Veröffentlichung von gesellschaftskritischen und oppositionell eingestellten Artikeln. Im Jahr 1843 wurde die Veröffentlichung der gesamten Zeitung verboten.

Karl Marx Zeit in Paris

Nachdem Karl Marx von seinem Posten bei der „Rheinischen Zeitung“ zurückgetreten war, ging er mit seiner Frau Jenny im Jahr 1843 nach Paris. Dort wurde er allerdings nach zwei Jahren ausgewiesen.

In Paris lernte er den Vertreter der frühen deutschen Arbeiterbewegung German Mäurer kennen und arbeitete eng mit dem linkseingestellten Arnold Ruge zusammen, mit dem er auch die Zeitschrift „Deutsch-Französische Jahrbücher herausbrachte. Friedrich Engels veröffentlichte in der Zeitschrift Deutsch-Französische Jahrbücher“ zwei Artikel, weswegen ein intensiver Briefkontakt zwischen Friedrich Engels und Karl Marx entstand. Das Projekt „Deutsch-

Französische Jahrbücher“ hatte allerdings wenig Erfolg, da die Lieferung nach Deutschland aufgrund der Zensur schwierig wurde und der Politiker Julius Fröbel von der Finanzierung der Zeitschrift deswegen zurücktrat. Auch entwickelten sich Arnold Ruge und Karl Marx bezüglich ihres politischen Standpunktes auseinander: Arnold Ruge war steter Vertreter der Demokratie, wohingegen Karl Marx immer mehr zum Kritiker der Sozialisten wurde, sich zunehmend mit den wissenschaftlichen Aspekten der politischen Ökonomie befasste und seinen politischen Standpunkt stetig weiterentwickelte. Diese thematischen Schwerpunkte lassen sich auch in den 1844 geschriebenen Manuskripten wiederfinden: Hier ging er intensiv auf das ökonomische System und die Entfremdung der Menschen durch ein vorherrschendes ökonomisches System ein.

Unterdessen wurde die politische Zusammenarbeit zwischen Friedrich Hegel und Karl Marx immer intensiver, was sie durch einen Briefwechsel und einen Besuch Friedrich Engels in Paris realisierten. Zusammen veröffentlichten sie das Werk „Die heilige Familie“, welches eine Kritik an den Berliner Junghegelianern war.

Das in Paris herausgegebene deutsche Wochenblatt „Vorwärts!“ widmete sich oppositionellen Artikeln und der Kritik des preußischen und deutschen Absolutismus. Karl Marx wirkte bei der Redaktion mit und dies war der Auslöser für die Ausweisung aus Frankreich, erwirkt durch die preußische Regierung. Im Jahre 1845 verließ Karl Marx Frankreich und siedelte nach Brüssel in Belgien über, wohin Friedrich Engels ihm bald folgte.

Das Werk „Deutsche Ideologie“

In Paris entstanden Karl Marx Thesen über Ludwig Feuerbach – einem deutschen Philosophen und Religionskritiker - als Reaktion auf die kritische Auseinandersetzung Max Stirners mit der Ideologie Ludwig Feuerbachs. Max Stirner gehörte zu den Berliner Junghegelianern. Zudem entwickelten Karl Marx und Friedrich Engels in ihrem Werk „Deutsche Ideologie“ den historischen Materialismus - eine Theorie gesellschaftlicher Entwicklungsprozesse, die nicht wie bei den Hegelianern auf geistigen Faktoren basierten, sondern vor allem auf sozialen und praktischen gesellschaftlichen Faktoren. Die Entwicklung der Gesellschaft basiere auf den Handlungen der Menschen, nicht auf ihrem Geiste – laut Karl Marx. Dieser historische Materialismus ist der Vorläufer der Soziologie und stand ganz im Gegensatz zu dem Materialismus Feuerbachs und der Auffassung der Junghegelianer. Diese Theorie berücksichtigt die sozialen und materiellen Faktoren für die Entwicklung einer Gesellschaft.

In weiteren Teilen des Werkes werden Junghegelianer kritisiert, die für Karl Marx und Friedrich Engels Vertreter einer idealistischen Gesellschaftsidee waren – also am praktischen Kommunismus vorbei arbeiteten. Zu Lebzeiten wurde allerdings nur Teil Eins des Werkes sowie ein Artikel über Kritik an dem linksdemokratischen Journalist Karl Grün veröffentlicht. Nach dem Tode Karl Marx´ gab Friedrich Engels die unveröffentlichten Teile des Werkes heraus.

Die Zeit in Brüssel

Die preußische Regierung versuchte im Jahre 1845 eine Ausweisung Karl Marx aus Brüssel zu erwirken, weswegen er seine deutsche Staatsbürgerschaft aufgab und staatenlos wurde. In den Jahren 1848 und 1861 versuchte er vergebens die deutsche Staatsbürgerschaft wiederzuerlangen.

Natürlich veröffentlichte Karl Marx auch in Brüssel weiterhin politische, kritische Schriften. Unter anderem im Jahre 1847 die Schrift „Misère de la philosophie, Réponse à la philosophie de la misère de M. Proudhon“ – welche wie der Name vermuten lässt eine Kritik an den Theorien des französischen Ökonoms Pierre Joseph Proudhons ist.

In Brüssel gingen Karl Marx und Friedrich Engels dazu über politisch aktiver zu werden und gründeten im Jahre 1846 das „Kommunistische Korrespondenz Komitee“. Dieses Komitee sollte den Arbeitern Deutschlands, den Arbeitern der umliegenden Länder sowie den revolutionär eingestellten Kommunisten die Möglichkeit zur Vereinigung und Organisation geben, um deren politische Kraft zu stärken. Gleichzeitig orientierten sich Karl Marx und Friedrich Engels an Wilhelm Weitlings „Bund der Gerechten“ – dem Vorläufer der kommunistischen und sozialistischen Parteien Europas. Die politische Arbeit Karl Marx und Friedrich Engels beinhaltete nun zwei Facetten: Die politischen Schriften und die politische Aktivität! Karl Marx erwirkte die Umbenennung in „Bund der Kommunisten“ und verfasste auch dessen Manifest: „Das Manifest der Kommunistischen Partei“ aus dem Jahre 1848. Zwei Jahre später verließen Karl Marx und Friedrich Engels mit einigen anderen den Bund.

Im Jahre 1848 veränderte sich das politische Klima in Frankreich und Deutschland durch die Februarrevolution in Frankreich und die Märzrevolution in Deutschland stark. Diese Revolutionen und damit verbundenen Veränderungen hatten natürlich auch Auswirkungen auf die Nachbarstaaten. In der Februarrevolution in Frankreich wurde erwirkt, dass der liberale König Louis-Philippe von Orléans abgesetzt und die zweite Französische Republik ausgerufen wurde. Zu dieser Zeit befand sich Karl Marx in Belgien, wo er aber vorsorglich von den Machthabenden aufgrund seiner politischen Gesinnung ausgewiesen wurde, sodass er nicht zum Führer einer Revolution in Belgien werden konnte. Das veränderte politische Klima in Frankreich veranlasste Karl Marx dazu, Frankreich erneut als seinen Wohnsitz zu wählen. Allerdings nur für kurze Zeit, denn als die Märzrevolution in Deutschland ausbrach, siedelte er wieder nach Deutschland über, um seine politische Kraft dort aktiv ausleben zu können. In der Märzrevolution ging es um die Differenzen zwischen Revolutionären und alteingesessenen Herrscherhäusern zur

Behebung der sozialen Ungerechtigkeit. So kam es, dass sich die politischen Revolutionäre gegen die im Wiener Kongress von 1815 beschlossene Restauration des Absolutismus stellten. Diese Restauration stellte sicher, dass die Macht weiterhin bei den europäischen Herrschaftshäusern verbleiben sollte. Dieses politische Klima war für Karl Marx ideal und er veröffentlichte nicht nur „Die Neue Rheinische Zeitung – Organ der Demokratie“, sondern auch die Schrift „Lohnarbeit und Kapital“. Im Jahr 1849 wurde die Veröffentlichung der Zeitung durch die preußische Regierung untersagt.

Die Zeit in England

Nachdem Karl Marx nach der Märzrevolution zunächst nach Paris zurückgekehrt war, verließ er Frankreich, um dort nicht in der Bretagne interniert zu werden. Er entschied sich für London als sein Exil und siedelte mit seiner Familie ein weiteres Mal um. Auch Friedrich Engels folgte ihm bald nach London! Karl Marx war nach wie vor an politischem Journalismus interessiert und bestritt mit journalistischen Veröffentlichungen seinen Lebensunterhalt.

In London setzten sich Karl Marx und Friedrich Engels weiterhin intensiv mit ihrer Idee vom Kommunismus auseinander, vertieften ihre politischen, gesellschaftlichen und sozialen Kenntnisse stetig und Karl Marx arbeitete seine Kritik am Kapitalismus wissenschaftlich aus, sodass er bald in England seine nächsten Werke verfasste: Klassenkämpfe in Frankreich 1848-1850 und Der achtzehnte Brumaire des Louis Bonaparte.

Ab dem Jahr 1852 arbeitete Karl Marx zehn Jahre lang als Korrespondent für die „New York Daily Tribune“. Seine Artikel in der Zeitschrift zeichneten sich vor allem dadurch aus, dass sie wissenschaftlich fundiert die politische und ökonomische Lage der verschiedenen europäischen Länder erarbeitete. Nach der Arbeit für die „New York Daily Tribune“ arbeitete Karl Marx als Korrespondent für die Arbeiterzeitung „Das Volk“ und die „Wiener Presse“. Im Jahr 1863 ereigneten sich der polnische Januaraufstand, der auf Veranlassung Karl Marx von dem Deutschen Arbeiterbildungsverein aus London unterstützt wurde.

In England entstanden Karl Marx große Werk: „Zur Kritik der politischen Ökonomie“ und Band Eins von „Das Kapital“. Zugleich zeigte sich Karl Marx politisch aktiv, indem er die Internationale Arbeiter-Assoziation gründete und ihre Statuten verfasste. Die Internationale Arbeiter-Assoziation wurde mit der Verlegung des Sitzes in die USA aufgelöst und widmete sich in der Zeit davor der Emanzipation der Arbeiterklasse!

Karl Marx Einfluss in Deutschland

Natürlich hatte Karl Marx nach wie vor Verbindungen zur Arbeiterbewegung in Deutschland und so unterstützte er die revolutionäre sozialistische Partei und verfasste Artikel für das „Demokratische Wochenblatt“ und „Der Volksstaat“.

Die politische Landschaft Deutschlands veränderte sich zunehmend, sodass Karl Marx Mitstreiter Wilhelm Liebknecht im Jahr 1869 die Sozialdemokratische Arbeiterpartei gründete, die sich zur Sozialistischen Arbeiterpartei Deutschlands und später zur Sozialdemokratischen Partei Deutschlands entwickelte. Hier ist der Einfluss Karl Marx auf die heutige politische Landschaft Deutschlands klar zu erkennen! Natürlich unterscheidet sich die heutige politische Ausrichtung der Sozialdemokratischen Partei Deutschland von der ursprünglichen Idee des Kommunismus von Karl Marx, aber Karl Marx politische Arbeit ist einer von vielen Faktoren für die Entstehung der politischen Ausgangssituation, aus der diese Partei entstanden ist.

Der Tod Karl Marx und seiner Familie

Karl Marx starb am 14.03.1883 im Alter von 64 Jahren in London an Laryngitis. Nur zwei Jahre zuvor war seine Frau Jenny Marx an den Folgen ihrer Krebserkrankung verstorben, während Karl Marx sich auf einer Kur-Reise in Algier befand. Nur zwei Monate vor seinem Tod starb seine Tochter Jenny. Er wurde auf dem Highgate Cemetery in London beerdigt und Friedrich Engels hielt bei der Beisetzung eine Trauerrede. Karl Marx zwei hinterbliebene Töchter begingen später Suizid.

Kapitel 2: Karl Marx und Friedrich Engels

Friedrich Engels war zwar Sohn eines Fabrikanten, kämpfte aber für die gerechte Behandlung der leidenden Arbeiter. Zusammen mit seinem engen Freund Karl Marx erarbeitete er die Theorie des Kommunismus. Karl Marx und Friedrich Engels beließen es allerdings nicht bei ihrer politischen Theorie, sondern waren in politischen Gruppen aktiv und organisierten politisch-soziale Aufstände. Friedrich Engel folgte Karl Marx nicht nur nach Frankreich und Belgien, sondern auch ins Exil nach England!

Zusammen verfassten sie das Buch „Das kommunistische Manifest“, das im Jahr 1848 erschien. Karl Marx und Friedrich Engels wurden zu Vorbildern der Arbeitern und erweckten in diesen den Mut zum Aufstand. In vielen Ländern führte dies zu Revolutionen. Nach dem Tod von Karl Marx im Jahre 1883 und Friedrich Engels im Jahre 1895 in der Gefangenschaft von englischen Kapitalisten, entstand aus ihrem Gedankengut heraus sogar die Russische Revolution im Jahre 1917. Die Idee des Kommunismus der beiden politischen Aktivisten wurde von vielzähligen Menschen weiterentwickelt und umgewandelt, sodass sich im Laufe der Zeit ganz unterschiedliche Strömungen des Kommunismus entwickelten, die mit der ursprünglichen Idee des Kommunismus von Karl Marx und Friedrich Engels nicht mehr viel gemeinsam hatten.

Wer war Friedrich Engels?

Friedrich Engels wurde im Jahr 1820 in Barmen geboren und starb im Jahre 1895 in London. Er war zusammen mit Karl Marx an der Entwicklung der Grundidee des Marxismus beteiligt.

Schon vor seinem Kennenlernen Karl Marx bei der Rheinischen Zeitschrift befasste sich Friedrich Engels intensiv mit der in Deutschland vorherrschenden politischen Ökonomie und kritisierte diese stark. Im Jahre 1845 veröffentlichte Friedrich Engel sein Werk „Umrisse zu einer Kritik der Nationalökonomie“ und im selben Jahr das gemeinsame Werk „Die heilige Familie“ mit Karl Marx – durch die Publikation dieser Abhandlungen wurde die Verbreitung des Marxismus unterstützt. Friedrich Engel gehört zu den Vorreitern des heutigen Sozialismus. In seinen Werken „Anti-Dühring“ und „Die Entwicklung des Sozialismus von der Utopie zur Wissenschaft“ beschäftigt er sich eingehend mit der politischen Ökonomie. Neben den Werken „Das Manifest“ und „Das Kapital“, welche er in Zusammenarbeit mit Karl Marx verfasste, veröffentlichte er auch zwei weitere eigene Schriften: „Der Ursprung der Familie, des Privateigenthums und des Staates“ und „Ludwig Feuerbach und der Ausgang der klassischen deutschen Philosophie“ in den Jahren 1884 und 1888. Karl Marx Theorie vom historischen Materialismus bietet die Grundlage für seine Schrift „Der Ursprung der Familie, des Privateigenthums und des Staates“ und entwickelt daraus eine Ansicht auf die Frühformen der menschlichen Gesellschaft. In seinem Werk „Ludwig Feuerbach und der Ausgang der klassischen deutschen Philosophie“ befasst er sich eingehend mit dem wissenschaftlichen Sozialismus.

Nach dem Tode Karl Marx im Jahr 1883 widmete sich Friedrich Engels des Abschlusses des zweiten Kapitels des Werkes „Das Kapital“, welches er im Jahr 1885 veröffentlichte. Fünf Jahre später wurde das Sozialistengesetz aufgehoben und Friedrich Engels konnte sich mit Karl Kautsky und August Bebel dem Erfurter Programm der SPD von 1891 widmen. Etwa drei Jahre später schließt er die Arbeiten am dritten Band des Werkes „Das Kapital“ ab und stirbt schließlich ein Jahr später an Kehlkopfkrebs in London.

Das Manifest der Kommunistischen Partei

Das Manifest der Kommunistischen Partei wurde von Karl Marx und Friedrich Engel gemeinsam im Jahr 1848 verfasst und erstreckt sich über 23 Seiten. Das Werk wird auch „Das Kommunistische Manifest" genannt und in ihm ist ganz klar die erste Entwicklungsphase der marxistischen Weltanschauung zu erkennen. Das Manifest wurde vom Bund der Kommunisten in Auftrag gegeben und wurde in über hundert Sprachen übersetzt. Im Jahr 2013 wurde es in das UNESCO-Dokumentenerbe aufgenommen.

Eingeteilt in vier Kapitel gibt das Werk Auskunft über den Kommunismus und fordert die Arbeiter zum vereinigten Handeln auf. Im ersten Teil des Manifests legen Karl Marx und Friedrich Engels dar, wie die industrielle Revolution den Stand der Handwerker verdrängt und die Klasse der Arbeiter geschaffen hat. Zudem erläutern sie, unter welchen Bedingungen die Arbeiterklasse lebt und arbeitet. Dabei teilen sie die Gesellschaft in zwei hauptsächliche Klassen ein: Die Bourgeoisie und das Proletariat. Die Bourgeoisie ist der Begriff für das wohlhabende Bürgertum, die Fabrikbesitzer und Machthaber. Das Proletariat ist der Begriff für die Arbeiterklasse, die unter schlechtesten Bedingungen lebt. Diese Ungleichheit führt nach Karl Marx und Friedrich Engels zu teilweise offensichtlichen Klassenkämpfen, die die Entwicklung der Gesellschaft vorantreiben. Die gesellschaftliche Form nach der Überwindung des Kapitalismus sei der Kommunismus. Karl Marx und Friedrich Engels bemängeln, dass die religiöse und politische Ausbeutung der arbeitenden Klasse im Feudalismus durch die egoistische Ausbeutung von machthabenden Familien ersetzt wurde. Der Staat sei vielmehr zur Verwaltungseinheit der geschäftlichen Beziehungen der Bourgeoisie geworden. Durch die international verzweigten Produktionsverhältnisse sei es zur Aufhebung der nationalen Beschränkung gekommen.

Karl Marx und Friedrich Engels teilen der Bourgeoisie eine entwicklungsfreudige Position zu, indem sie erläutern, dass die

Bourgeoisie durch die ständige Entwicklung der Produktionsverhältnisse, der Kommunikation und der Produktionsinstrumente ein großes Maß an Produktivkräften freisetzt. Die Kehrseite dessen ist, dass immer wieder Überproduktionen durch fehlende Absatzmärkte entstehen und sich das Kapital in den Händen weniger befindet und die unteren Klassen einer enormen Ungerechtigkeit ausgesetzt sind. Die Arbeiter seien vielmehr eine Ware, die handwerklichen Vorgänge wurden vereinfacht und geteilt, wodurch keine Professur in einzelnen Bereichen mehr notwendig war, sondern die arbeitenden Menschen zu austauschbarer Ware wurden. Karl Marx und Friedrich Engels kritisieren, dass die komplexen Produktionsvorgänge von Waren in einfachste Schritte aufgeteilt wurden, um die Ausgaben zu minimieren und die Einnahmen zu maximieren. Das Ergebnis sind einfachste Arbeitsschritte, die von den meisten Menschen ausgeführt werden können und die dadurch zu austauschbaren Teilen einer großen Produktionsstätte werden. Die Löhne werden an die stark vereinfachte Arbeit angepasst und das Resultat sind Löhne, die die nötigsten Bedürfnisse decken. Das Ergebnis ist ein Klassenkampf zwischen einer Klasse der Bourgeoisie, die die Produktionsbedingungen für die Klasse der Proletarier aufgrund der Erhöhung der Einnahmen zunehmend verschlechtert und der Klasse der Proletarier, die sich für die Wiederherstellung der wahren handwerklichen Berufe und somit für einen lebenswerten Standard einsetzen. Beide Klassen sind in ihrem Handeln revolutionär. Das Ziel ist es den Arbeitern bei der Vereinigung und dem Kampf gegen die Missstände zu helfen.

Im zweiten Kapitel erläutern Karl Marx und Friedrich Engels, wieso die kommunistische Gesellschaft eine bessere Alternative zur bürgerlichen Gesellschaft ist – somit versuchen sie die Kritik gegenüber der kommunistischen Gesellschaft anhand der Missstände der bürgerlichen Gesellschaft zu entkräften. Karl Marx und Friedrich Engels erklären, dass es ihnen nicht um die Aufhebung des Eigentums gehe, sondern vielmehr um die Umwandlung des Klasseneigentums der Bourgeoisie in ein gesellschaftliches Eigentum. Sie erläutern, dass die

Angehörigen der Klasse der Bourgeoisie keinerlei Eigentum besäßen, sondern vielmehr die Klasse der Bourgeoisie das Kapital besäße und es nur entsprechend wirtschaftlicher Richtlinien einzusetzen vermag. Das Verlassen der Klasse der Bourgeoisie geht mit dem Verlust des Kapitals der Bourgeoisie einher – der einzelne Bourgeois besitzt also kein Kapital als Person, sondern als Angehöriger einer Klasse. Im Sinne des Sozialismus muss das gesamte Kapital auf die gesamte Gesellschaft übergehen.

Durch eine kommunistische Gesellschaft kann das Proletariat von der systemimmanenten Krisenhaftigkeit geschützt werden, da die Arbeit in der kommunistischen Gesellschaft nicht der Bereicherung einer Klasse durch die Vermehrung des Kapitals diene, sondern der Bereicherung der Arbeiter. Ein weiterer Kritikpunkt am Kommunismus war, dass die familiären Strukturen aufgehoben würden. Dies konnten Karl Marx und Friedrich Engels entkräften, da sie anführten, dass das Proletariat gezwungen durch die Missstände Familienlosigkeit erleide und die Freiheit diesbezüglich durch den Kommunismus wiedererlangt würde.

Die Kommunisten werden auch dafür kritisiert, eine „Weibergemeinschaft“ einführen zu wollen. Die Weibergemeinschaft beschreibt eine Gesellschaft, in der Polyandrie herrscht, also eine Frau mehr als einen Ehemann haben kann. Dieses Argument entkräfteten Karl Marx und Friedrich Engels, indem sie anführten, dass diese Art von Gesellschaft bereits im Verborgenen bestehe – durch offizielle und inoffizielle Prostitution der Frauen des Proletariats und durch die wechselhaften sexuellen Beziehungen der Frauen der Bourgeoisie. Diese Missstände könnten ebenfalls durch den Kommunismus gelöst werden. In diesem Zuge wurde auch der Vorwurf entkräftet, die Kommunisten seien an der Auflösung von Religion und Moral interessiert. Karl Marx und Friedrich Engels führen an, dass die religiöse und moralische Prägung allein von der herrschenden Klasse ausginge und die Öffnung dieser Prozesse durch den Kommunismus angestrebt wird.

Das Fazit aus diesen Abhandlungen ist, dass die Geschichte der Gesellschaft durch Klassengegensätze geprägt wird – dies ist der historische Materialismus. Zur praktischen Umsetzung dieser Idee gehören laut Karl Marx und Friedrich Engels die Verstaatlichung des Transportwesens, eine monopolistische Nationalbank mit Staatskapital, die Abschaffung des Erbrechts, Auflösung des Grundeigentums, Einführung der Progressivsteuer, der Übergang der Produktionsmittel in den Besitzt des Staates, Verbesserung der Produktionsverhältnisse, Abschaffung der Kinderarbeit, staatlich geförderte Erziehung der Kinder, Arbeitszwang für alle und somit letztendlich die Aufhebung der Klassengegensätze. So kann sich das Proletariat zu einer herrschenden Klasse erheben und der Unterdrückung entfliehen. Eine Anmerkung von Karl Marx und Friedrich Engels zu diesem Abschnitt ist, dass diese Maßnahmen an die situativen Gegebenheiten individuell angepasst werden müssen, um zum Erfolg zu führen. Nur so kann es eine Gesellschaft geben, in der die freie Entwicklung des Individuums die grundlegende Bedingung für die freie Entwicklung der Gesamtheit der Bürger ist.

Im dritten Kapitel des Manifests grenzen sich Karl Marx und Friedrich Engels von bestehenden sozialistischen Ansätzen, wie dem kleinbürgerlichen Sozialismus oder dem Bourgeoissozialismus, ab.

Kapitel 3: Die Werke Karl Marx

Karl Marx prägte die politische Landschaft nicht allein durch seinen politischen Aktivismus, sondern auch durch seine literarischen Hinterlassenschaften. Die von Karl Marx verfasste Literatur wird oftmals in zwei Phasen unterteilt: Den frühen Schriften, die er bis zum Jahr 1848 verfasste und den späten Schriften, die er nach dem Jahr 1848 verfasste. Ob zwischen diesen beiden Phasen tatsächlich ein gedanklich-ideologisch-politischer Umbruch geschah, ist allerdings umstritten. Bis heute spielen die Schriften Karl Marx eine wichtige Rolle in der Schulbildung, aber auch als Grundlage für politische Diskussionen. Sowohl die Sozialdemokratie, als auch der Leninismus/Stalinismus orientierten sich zumindest teilweise an Karl Marx Schriften. In unserer heutigen politischen Situation in Deutschland können die Einflüsse Karl Marx besonders bei den stark linksorientierten Parteien festgestellt werden - Karl Marx ist also nach wie vor Teil der politischen Diskussion!

In seiner frühen Schaffungsphase hat sich Karl Marx besonders mit der Philosophie Hegels und der Möglichkeit zur politischen Emanzipation durch die Umkehrung der Entfremdung der Menschen beschäftigt. In seiner späteren Schaffungsphase widmete sich Karl Marx besonders ökonomisch-sozialen und geschichtlichen Themen.

- Zur Kritik der Hegelschen Rechtsphilosophie - Paris 1843
- Zur Judenfrage - Paris 1843
- Ökonomisch-philosophische Manuskripte – 1844
- Thesen über Feuerbach – 1845
- Die deutsche Ideologie - 1845
- Die heilige Familie - 1845
- Misère de la philosophie. Réponse a la philosophie de la misère de M. Proudhon – 1847
- Manifest der Kommunistischen Partei - 1848

- Lohnarbeit und Kapital - 1849
- Die Klassenkämpfe in Frankreich - 1848 bis 1850
- Gesammelte Aufsätze - 1842
- Der 18te Brumaire des Louis Napoleon - 1852
- Enthüllungen über den Kommunistenprozess zu Köln - 1852
- Der Ritter vom edelmütigen Bewußtsein - 1853
- Die britische Herrschaft in Indien / Die ostindische Kompanie, ihre Geschichte und die Resultate ihres Wirkens / Die künftigen Ergebnisse der britischen Herrschaft in Indien - 1853
- Lord Palmerston - 1853
- Revolutionary Spain - 1854
- Lord John Russell - 1855
- Secret Diplomatic History of the Eighteenth Century - 1856/1857
- Grundrisse der Kritik der politischen Ökonomie - 1857/1858
- Zur Kritik der politischen Ökonomie - 1859
- Herr Vogt - 1860
- Theorien über den Mehrwert - 1862/1863
- Inauguraladresse und Statuten der Internationalen Arbeiter-Assoziation - 1864
- Lohn, Preis und Profit - 1865
- Das Kapital, bestehend aus drei Bänden – 1885-1994
- Der Bürgerkrieg in Frankreich - 1871
- Ein Complott gegen die Internationale Arbeiter-Association - 1874
- Kritik des Gothaer Programms - 1875
- Fragebogen für Arbeiter - 1880

Kapitel 4: Der Marxismus

Der Marxismus ist eine Staatsform und zählt zum Sozialismus und Kommunismus. Das Ziel des Marxismus ist eine klassenlose Gesellschaft, in der alle Güter unter der Bevölkerung gerecht geteilt werden. In einer marxistischen Gesellschaft soll es kein Reich und Arm geben, sondern der Gesamtheit der Bürger sollen die Güter gemeinsam gehören. Diese Gesellschaftslehre wurde im 19. Jahrhundert von Karl Marx und Friedrich Engels begründet und diente als verschriftliche Basis ihrer politischen Aktivität. Aus dem ursprünglichen von Karl Marx und Friedrich Engels entwickelten Marxismus entwickelten sich im Laufe der politischen Geschichte noch viele weitere Strömungen – der Marxismus bezeichnet also die Sammlung aller politischen, durch den von Karl Marx und Friedrich Engels begründeten Marxismus beeinflusste Strömungen und natürlich die ursprüngliche Gesellschaftslehre. Der Begriff Marxismus wurde allerdings nicht von Karl Marx und Friedrich Engels selbst geprägt, sondern ist eine von außen stammende Bezeichnung für die Sympathisanten von Karl Marx. Der Begriff Marxismus wurde in den 1880er Jahren zum ersten Mal gebraucht. Karl Marx und Friedrich Engels selbst nutzten den Begriff „Wissenschaftlicher Sozialismus“ als Bezeichnung ihres Konstrukts und distanzierten sich klar von dem Begriff Marxismus! Aber mit zunehmender Verbreitung des Marxismus unter eben diesem Namen freundete sich auch Friedrich Engels mit dem Begriff an.

Bekannte durch den ursprünglichen Marxismus beeinflusste politische Strömungen sind beispielsweise der Leninismus, der Neomarxismus und der Postmarxismus. Persönlichkeiten wie Rosa Luxemburg, Lenin oder Karl Kautsky haben sich zurzeit vor dem Ersten Weltkrieg intensiv mit dem marxistischen Gedankengut befasst und die marxistischen Strömungen nachhaltig mitbeeinflusst. Aber auch nach dem Ersten

Weltkrieg verlor der Marxismus nicht an Einfluss und bis zu 68er-Bewegung prägten Louis Althusser, Karl Korsch, Ernest Mandel, Theodor Adorno, Antonio Gramsci, Georg Lukács, André Gorz und Herbert Marcuse den Marxismus und seine vielen verschiedenen Ausdifferenzierungen. Diese intensive Auseinandersetzung mit dem marxistischen Gedankengut über einen langen Zeitraum führte dazu, dass die marxistische Weltanschauung auch auf andere Themenbereiche übertragen wurde und kein rein politisches Konstrukt mehr darstellt.

Der ursprüngliche Marxismus entstand aus der kritischen Auseinandersetzung von Karl Marx mit dem Gedankengut dreier bekannter deutschen Philosophen: Ludwig Feuerbach, Immanuel Kant und Friedrich Hegel. Zudem waren die gesellschaftlichen und politischen Zustände in Deutschland, aber auch in England und Frankreich, ausschlaggebend für Karl Marx sich mit einer möglichen Verbesserung der Klassengesellschaft auseinanderzusetzen. Die Auseinandersetzung mit den beiden englischen Nationalökonomen David Ricardo und Adam Smith, sowie mit den französischen Sozialisten Charles Fourier, Pierre-Joseph Proudhon und Henri de Saint-Simon war grundlegend sinnstiftend für die Entstehung der marxistischen Weltanschauung.

Zu Lebzeiten Karl Marx und Friedrich Engels wurde der Marxismus nicht konkret definiert, sondern die beiden Begründer sahen ihren politischen Ansatz vielmehr als Art der Betrachtung der politisch-sozialen Ereignisse, als Möglichkeit zur Bewertung und Analyse der gesellschaftlichen Situation und als Ausgangspunkt für eine weitreichende Veränderung auf politisch-gesellschaftlicher Ebene. Karl Marx befasste sich vor allem in seinen letzten Lebensjahren mit der Verschriftlichung der gedanklichen Exkurse, wohingegen sich Friedrich Engels besonders auf die öffentliche Auseinandersetzung mit Kritikern fokussierte und somit die Verbreitung vorantrieb. Der Marxismus ist sowohl gesellschaftskritisch und kapitalismuskritisch, als auch philosophiekritisch und ideologiekritisch. So ist der Marxismus mehr als ein politisches System, er ist vielmehr eine Weltanschauung!

Die verschiedenen Strömungen des Marxismus

Aus dem ursprünglichen Marxismus entwickelten sich im Laufe der Zeit viele verschiedene marxistische Strömungen, die Teile der marxistischen Lehre übernommen oder weiterentwickelt haben. Bekannt sind beispielsweise der orthodoxe Marxismus, der Sowjetmarxismus, der Neomarxismus und der Reformismus.

Der orthodoxe Marxismus wurde vor dem Ersten Weltkrieg besonders durch Karl Kautsky geprägt und orientiert sich stark am ursprünglichen Marxismus. Der Sowjetmarxismus wird auch Marxismus-Leninismus genannt und bestand ab dem Jahr 1924. Diese marxistische Strömung beruft sich darauf, dass in ihr die ursprünglichen marxistischen Weltanschauungen mit der zu dieser Zeit vorherrschenden politischen Situation vereint wurden. Der Sowjetmarxismus hat einen starken revolutionären Charakter, welcher Befreiungsbewegungen initiierte. Die politische, heutige Prägung Vietnams, Chinas, Kubas und Nordkoreas sind ein Beispiel für den langfristigen Einfluss des Marxismus auf das politisch-gesellschaftliche Bild eines Landes. Der Hauptakteur des Reformismus ist Eduard Bernstein gewesen, welcher die starken revolutionären Charakteristika des Marxismus ablehnte und sich für eine gemäßigte Veränderung der Ökonomie hin zum Sozialismus einsetzte. Auch wenn es heute kaum noch den Anschein macht, aber der Reformismus hatte vor allem nach dem Ersten Weltkrieg einen prägenden Einfluss auf die sozialdemokratischen Parteien!

Und wie steht es um den Neomarxismus? Diese Strömung des Marxismus ist für uns auch noch heute von Bedeutung, da sie besonders die Neuen Linken beeinflusste – und somit unser heutiges politisches Bild! Ernst Bloch, Ernest Mandel und Karl

Korsch sind einige der Hauptakteure dieser marxistischen Strömung. Auch heute noch gibt es marxistische Strömungen innerhalb unseres politischen Lebens: Von der Partei Die Linke bis hin zu linksradikalen Protestlern!

Die Philosophie des Marxismus

Der ursprüngliche Marxismus ist auf die Emanzipation der Menschen gerichtet, zur Verbesserung der gesellschaftlichen Situation hin zu einem klassenlosen Gesellschaftskonstrukt, das keinen Raum für die Ausbeutung einer bestimmten Schicht lässt. Auch wenn der Marxismus durch die Schriften verschiedener deutscher Philosophen, wie Feuerbach und Hegel, beeinflusst wurde, sieht Karl Marx in seiner Weltanschauung doch viel mehr als „nur“ eine weitere Theorie. Auch wenn der Marxismus viele Schriften hinterlassen hat, waren diese Schriften vielmehr als Basis der gesellschaftlichen Veränderung zu verstehen. Die ständige Entwicklung der Gesellschaft basierte für Karl Marx und Friedrich Engels auf der komplexen Realität der Gesellschaft mit all ihren einflussreichen Faktoren auf das Leben der Menschen. Produktionsverhältnisse, materielle Gegebenheiten und das Klassensystem sind also ausschlaggebende Gründe für eine Auseinandersetzung und Weiterentwicklung innerhalb der Gesellschaft. Aus den Gegebenheiten sollten also abstrakte Theorien entwickelt werden, die dann wieder praktische Anwendung in der Gesellschaft fänden.

Karl Marx kritisierte die vorherrschende gesellschaftliche Situation und sah Moral, Recht und Religion nicht etwa als universell gültige Faktoren, sondern vielmehr als veränderbare Instanzen, die durch ihre Entwicklung an der gesamten Entwicklung und Verbesserung der gesellschaftlichen Situation beitragen können. Er hob sich vom bisherigen Konsens ab, da er der Annahme war, dass das menschliche Bewusstsein sehr stark durch das gesellschaftliche Sein beeinflusst wird. Auf dieser Annahme basierend, war die Veränderung der ökonomischen Strukturen für Karl Marx realisierbar. Dies war für die einflussreichen Menschen zu dieser Zeit natürlich unerwünschte Kritik, die zur Stärkung der Arbeiter und zur Schwächung der wirtschaftlich Starken beitrug.

Karl Marx war der festen Überzeugung, dass die stetige Entwicklung der gesellschaftlichen Klassen zu einer Veränderung des bestehenden Systems führen würde. Nach der Überwindung des von Krisen behafteten kapitalistischen Systems sollte sich laut Karl Marx der Sozialismus und der Kommunismus etablieren. Ein kommunistisches Gesellschaftssystem hebt die Klassenunterschiede zwischen den Bürgern auf und somit auch die Gründe und Ursachen für Ungerechtigkeit, Ausbeutung und Unterdrückung. Genaue ökonomische Betrachtungen und Analysen führten zu der Annahme, dass jede Gesellschaft Entwicklungen unterliegt, die von ökonomischen Bewegungsgesetzen wechselseitig beeinflusst werden.

Der Marxismus in der Praxis

Die erste praktische Anwendung der marxistischen Theorie war die Arbeiterbewegung des 19. Jahrhunderts. Die durch Lenin geprägte Sowjetunion basiert ebenfalls auf der Theorie des Marxismus. Lenin entwickelte die Theorie des Marxismus weiter und passte sie an seine Bedürfnisse an – zur Imperialismustheorie (später Leninismus genannt). Dieser Leninismus wurde im weiteren Verlauf durch Josef Stalin zum Marxismus-Leninismus weiterentwickelt, welcher besonders nach dem Jahr 1945 auf Mittel- und Osteuropa sowie Kuba, Vietnam, China und Nordkorea, einen starken Einfluss auf die politische Landschaft hatte. Nach dem Zerfall des sowjetischen Systems entwickelte sich in Russland der postsowjetische Marxismus. Die totalitäre Ausrichtung besonders des nordkoreanischen Systems steht im Widerspruch zur Theorie des ursprünglichen Marxismus. Dennoch ist zu erkennen, dass die ursprünglichen Ideen des Marxismus weiterleben und auch im Laufe der politisch-gesellschaftlichen Veränderungen immer wieder aufgenommen, integriert und weiterentwickelt wurden. Die Umsetzung des Marxismus wird oftmals aufgrund ihrer inhumanen und ökonomisch ineffizienten Entwicklungen kritisiert – der reale Marxismus steht nicht immer im gänzlichen Einklang mit der Grundidee Karl Marx von einer humanen, gerechten Gesellschaft. Generell ist anzumerken, dass der Marxismus als politisch-gesellschaftliches System, wie es Karl Marx und Friedrich Engels vorgesehen hatten, so nicht zustande gekommen ist, sondern immer von den Machthabenden und einflussreichen Menschen weiterentwickelt, angepasst und interpretiert wurde. Noch heute ist das marxistische Gedankengut die Basis für viele kommunistische Parteien auf unserer Welt.

Der Marxismus in Deutschland bis heute

Natürlich hatte und hat der Marxismus Einfluss auf das deutsche politische Geschehen. Allein die Märzrevolution von 1848 führte zu einer politischen Liberalisierung in Deutschland. Erstmals begannen die Arbeiter der unterdrückten Klassen sich in gewerkschaftsähnlichen Vereinigungen zusammenzuschließen – so wie wir es heute noch kennen. Die Vorläufer der heutigen Gewerkschaften wurden gegründet, damals waren es Arbeiterorganisationen. Auch die Vorläufer unserer heutigen sozialdemokratischen Partei wurden begründet: Der im Jahre 1863 von Ferdinand Lassalle, den Karl Marx später heftig für seine politische Entwicklung kritisierte, gegründete Allgemeine Deutsche Arbeiterverein, kurz ADAV, und die im Jahre 1869 gegründete Soziale Arbeiterpartei, kurz SDAP, mit den beiden Hauptakteuren August Bebel und Wilhelm Liebknecht.

Im Jahr 1875 vereinigten sich die Soziale Arbeiterpartei und der Allgemeine Deutsche Arbeiterverein zur Sozialistischen Arbeiterpartei Deutschlands, kurz SAP, im Zuge des Gothaer Programms. Das Gothaer Programm wurde von Karl Marx heftig kritisiert – in seiner Schrift „Kritik des Gothaer Programms“. Karl Marx war der Meinung, dass sich die SDAP der zu reformorientierten ADAV unterwarf. Das Gothaer Programm beschreibt die zukünftige Arbeit der zusammengeschlossenen Vereinigungen. Trotz der Verfolgung und Unterdrückung der Mitglieder der Sozialistischen Arbeiterpartei Deutschlands durch Beschlüsse des Reichskanzlers Otto von Bismarck gewann die Partei stetig an Mitgliedern. Aus der Sozialistischen Arbeiterpartei Deutschlands ging wenig später die Sozialdemokratische Partei Deutschlands, die SPD, hervor, deren Programm durch Karl Kautsky und Eduard Bernstein wieder mehr in Richtung des ursprünglichen Marxismus ausgerichtet wurde.

Die Sozialdemokratische Partei war damals die größte, marxistisch geprägte Partei, die zudem noch Anhänger verschiedenster marxistischer Strömungen enthielt. Eine der Anhängerinnen war Rosa Luxemburg, die einen starken marxistischen Pol innerhalb der Sozialdemokratischen Partei Deutschlands bildete. Der Anhänger Eduard Bernstein war Befürworter der bürgerlichen Sozialdemokratie und hatte ebenfalls einen starken Einfluss innerhalb der Partei.

Im Jahr 1914 brach der Erste Weltkrieg aus und die Sozialdemokratische Partei stimmte den Kriegskrediten ohne Gegenstimmen zu – allerdings machten sich daraufhin die linken Oppositionellen in der Gruppe stark und stellten sich gegen die Bewilligung des Kriegskredits. Rosa Luxemburg, Karl Liebknecht und Franz Mehring waren einige derer, die sich zur Gruppe „Internationale“ im Jahr 1916 formierten. Diese Gruppe hielt in Berlin eine Reichskonferenz ab und unterschrieb ihre politischen Briefe der Konferenz mit dem Namen „Spartakus“, nach dem das illegale Organ „Spartacus“ benannt wurde, das bald anstelle der politischen Briefe stand. Ein Jahr später gründeten die aus der Sozialdemokratischen Arbeitsgemeinschaft ausgeschlossenen Führer die Unabhängige Sozialdemokratische Partei Deutschlands, kurz USPD, an die sich die Spartakus-Gruppe anschloss. Von ihnen wurde auf einer illegalen Reichskonferenz im Jahr 1918 ein revolutionäres Programm beschlossen, dass den Sturz des

Imperialismus und Militarismus durch revolutionäre Erringung der demokratischen Rechte vorsah. Kurz darauf widersetzten sich die Führungen der SPD und der USPD während der Novemberrevolution der Initiative zur Durchsetzung des sozialistischen Staates und die Kommunistische Partei Deutschland, kurz KDP, hielt einen Parteitag im preußischen Abgeordnetenhaus ab – die marxistischen Parteien waren nun vollends aufgespalten. Das Ergebnis war, dass sich die zuvor so einheitliche und starke Arbeiterbewegung in Kommunisten und Sozialdemokraten – also Revolutionäre und Reformisten spaltete. Nun gab es zwei marxistische Strömungen, die sich hinsichtlich der Ausführung zur Erreichung der Ziele uneins waren.

Die Kommunistische Partei Deutschlands wurde im Jahr 1956 durch das Bundesverfassungsgericht als verfassungsfeindlich eingestuft und dementsprechend verboten. Drei Jahre später sah sich die SPD gezwungen von der marxistischen Weltanschauung Abstand zu nehmen und sich dem Sozialismus zu verpflichten.

Der Marxismus in der Sowjetunion

Bis zur Industrialisierung unter Zar Nikolaus II war das heute so mächtige Russland bis ins 19. Jahrhundert überwiegend landwirtschaftlich geprägt. Durch die Veränderungen, die die Industrialisierung mit sich brachte, kam es zu einer erheblichen Verschlechterung der Situation der Arbeiterklasse. Der Zarismus sah sich zunehmend einer starken linken Opposition gegenüber, die von anarchistischen und sozialrevolutionären Strömungen geprägt war. Im Jahr 1898 wurde die Sozialdemokratische Arbeiterpartei Russlands, kurz SDAPR, gegründet, aber bald darauf wieder verboten. Im Jahr 1903 spaltete sich diese Partei im Exil in zwei Gruppen auf: Der Mehrheit unter Wladimir Iljitsch Lenins Führung – Bolschewiki und der Minderheit – Menschewiki. Lenin war ein russisch kommunistischer Politiker, dazu revolutionär eingestellt und ein Verfechter der marxistischen Theorien.

Die sozialdemokratisch, reformistisch ausgelegten Menschewiki veranlassten im Jahr 1917 eine Februarrevolution. Das Ziel war Russland zum Austritt aus dem Ersten Weltkrieg zu bewegen, aber ohne Erfolg. Im Oktober wurde die Oktoberrevolution von Lenin und Leo Trotzki initiiert. Diese Revolution hatte nachhaltige Auswirkungen auf die Arbeiterbewegung und bald kam es in ganz Europa zu bürgerkriegsähnlichen Zuständen.

Lenin wurde Parteiführer der Kommunistischen Partei der Sowjetunion, kurz KPdSU genannt. Josef Stalin war seit Beginn der Revolutionen ein einflussreicher Mann innerhalb der KPdSU geworden und ebenfalls Anhänger des Marxismus. Nach dem Tode Lenins kam es zwischen Josef Stalin und Leo Trotzki zu Auseinandersetzungen, die zugunsten Josef Stalins entschieden wurden und mit dem endgültigen Ausschluss Leo Trotzkis im Jahre 1927 endeten. Stalin setzte mit Gewalt seine Vorstellung des Sozialismus im eigenen Land durch und begründete dadurch den Stalinismus. Allerdings war diese Form des Marxismus weit entfernt von den Klassenkämpfen zur Entwicklung der Gesellschaft hin zum Kommunismus, da Konzentrationslager zur Beschleunigung dieses Prozesses eingesetzt wurden und die innerpolitische Stabilität somit stark ins Wanken geriet.

Im Jahr 1941 wurde die UdSSR trotz eines Nichtangriffspaktes von Adolf Hitler angegriffen. Die UdSSR konnte den Angriff abwehren und besetze schließlich Berlin. Nach acht Jahren Führung durch Stalin wurde die Führung von Nikita Chruschtschow übernommen. Er initiierte die Entstalinisierung, die vom Politbürochef Michail Gorbatschow verstärkt wurden. Dies führte zum Verlust der Satellitenstaaten und im Jahre 1991 zum endgültigen Zusammenbruch der Sowjetunion.

Schlusswort

Herzlichen Glückwunsch! Du hast dein Allgemeinwissen durch das Lesen dieses Buches bereichert und hast nun mindestens eine grobe Ahnung dessen, wer Karl Marx war, von wem seine politisch-gesellschaftliche Entwicklung beeinflusst und geprägt wurde, sowie was der Marxismus ist und welche Einflüsse er bis heute auf unser weltweites politisches Bild hat!

Für dich ist es nun kein Geheimnis mehr, das Karl Marx sich gegen die gesellschaftlichen Missstände seiner Zeit auflehnte und auch durch seinen philosophischen Hintergrund eine Theorie zur Verbesserung und Entwicklung der Gesellschaft entwickelte: Den Marxismus. Diese Theorie entwickelte er zusammen mit Friedrich Engels, welcher sich sehr für die öffentliche Diskussion rund um das Thema Marxismus einsetzte – auch wenn Friedrich Engels und Karl Marx ihre Theorie zunächst nicht Marxismus nannten! Der Marxismus ist allerdings viel mehr als eine politische Anschauung oder Ausrichtung, er ist eine philosophische Untersuchung der wechselseitigen Einflussnahme des menschlichen Bewusstseins, des Seins und der gesellschaftlich-politisch-sozialen Gegebenheiten, er ist eine Aufforderung zur Stärkung der unterdrückten Arbeiter und die Erklärung, dass Veränderung und Wandel natürliche Faktoren einer Gesellschaft sind. Dies hielt Karl Marx in seinen vielfältigen und zahlreichen Schriften fest.

Die marxistischen Ideen standen natürlich nicht im Einklang mit der kapitalistisch eingestellten, machthabenden Oberschicht, die sich sehr schnell kritisch gegenüber Karl Marx äußerte, was zu einem späteren Zeitpunkt zu seiner Flucht aus Deutschland führte. Entgegen der Wünsche der machthabenden und einflussreichen Menschen, war es Karl Marx Ziel eine klassenlose und gerechte Gesellschaft zu etablieren. Die sozial-kommunistische Gesellschaft ist nach Marx die natürliche Weiterentwicklung einer kapitalistischen

Gesellschaft. Die Veränderung der kapitalistischen Gesellschaft hin zu einer sozial-kommunistischen Gesellschaft wird durch die Entwicklungstendenzen der unterdrückten Klassen initiiert: Dies ist die Emanzipation der Menschen!

Die marxistischen Theorien wurden von vielen Menschen aufgegriffen, interpretiert, weiterentwickelt und teilweise angewandt. Die heutigen politischen Systeme auf Kuba, in China, in Vietnam oder in Laos sind Zeugen des Einflusses der marxistischen Theorien! Auch bei uns wurde das politische Bild durch den Einfluss der marxistischen Theorien geprägt, denn durch verschiedene politische Entwicklungen entstand die heute noch im Bundestag präsente Partei Die Linke! Aus dem ursprünglichen Marxismus haben sich unzählige marxistische Strömungen entwickelt (der Neomarxismus, der Leninismus oder auch der Marxismus-Leninismus), die teilweise nur noch entfernt an den ursprünglichen Marxismus erinnern. Der praktisch umgesetzte Marxismus erntet immer wieder Kritik, aufgrund des inhumanen politischen Endergebnisses!

Ich hoffe sehr, dass du viele neue, interessante und wichtige Informationen aus diesem Buch für dich mitnehmen und somit deinen politisch-gesellschaftlichen Horizont erweitern konntest. Die nächste politische Diskussion über Karl Marx, den Marxismus oder heutige politische durch den Marxismus beeinflusste Strömungen sind also kein Problem mehr für dich!

Nachricht an den Leser

Lieber Leser, liebe Leserin,

leider hat dieses Buch nur Schwarz-Weiß Bilder. Wir hätten sehr gerne das Buch in Farbe drucken lassen, jedoch sind wir nur ein sehr kleiner Verlag. Daher sind die Druckkosten sehr hoch und wir hätten dieses Buch nicht unter 20€ anbieten können, was unangemessen teuer ist.

Als kleine Entschuldigung würden wir Ihnen gerne das Buch als PDF mit Farbbildern zusenden.

Schreiben Sie uns einfach eine E-Mail an:

dein.buecher.shop@gmail.com

Wir hoffen auf Ihr Verständnis.

Quellen

- Albrecht, R. (2013). Karl Marx zur Einführung. *Zeitschrift Für Politik, 60*(3), 348-351.
- Alex Callinicos: Die revolutionaren Ideen von Karl Marx; Hamburg: VSA-Verlag, 2011. ISBN: 978-3899654769, 277 Seiten, EURO 16,80.(Book review). (2012). *Sozial Extra, 36*(3 4), 52-52.
- *Ausgewählte Werke in sechs Bänden. 2 / Karl Marx.* (3. Auflage ed.). (1974).
- Berger, M. (2014). *Karl Marx "Das Kapital"* (3. überarb. Aufl. ed.).
- Berthold, N. (2016). Rettet den Kapitalismus vor den Kapitalisten!: Thomas Piketty auf den Spuren von Karl Marx: Thomas Piketty in the footsteps of Karl Marx. *List Forum Für Wirtschafts- Und Finanzpolitik, 41*(3), 367-375.
- *Das Kapital. 1, Der Produktionsprozeß des Kapitals / Karl Marx.* (14. Aufl. ed.). (1969).
- Franz Mehring. (2013). *Karl Marx: The Story of His Life*. Taylor and Francis.
- Homann, K., Pies, I., Kromphardt, J., Plumpe, W., & Schefold, B. (2018). Karl Marx — heute noch aktuell? *Wirtschaftsdienst, 98*(4), 227-242.
- Jaeggi, Rahel, & Loick, Daniel. (2013). *Karl Marx - Perspektiven der Gesellschaftskritik*. München: DE GRUYTER.
- Karl-Marx-Konferenz, 1983 Jena. (1984). *Methodologische Konsequenzen Marxschen Denkens*. Jena.
- Kiesewetter, H., & Duncker &Amp;Amp; Humblot. (2017). *Karl Marx und der Untergang des Kapitalismus.*

- Marx, K., & NetLibrary, Inc. (2000). *Manifesto Of The Communist Party*. Alex Catalogue ; NetLibrary.
- Pies, I. (2016). Karl Marx' kommunistischer Individualismus. In *Pies : Ingo* (pp. 292-322).
- Schmidt, J. (2013). Frühes Scheitern, später Ruhm: Karl Marx und die verlorene Generation der Junghegelianer und 1848er. *Indes, 2*(4), 109-116.
- Ziesemer, B. (2012). *Karl Marx für jedermann der erste Denker der Globalisierung* ([Ökonomen für Jedermann] [3]). Frankfurt am Main: Frankfurter Allgemeine Buch.
- *Zur Kritik der politischen Ökonomie. 1 / Karl Marx.* (2. Aufl., Volksausg. ed., BV001886863 Bücherei des Marxismus-Leninismus 15). (1951).

Impressum

Impressum:

Dounia Daoudi

15 av Nasr Lots riad RTE ain smen Fes

90000 TANGIER

Marokko

 Wichtiger Hinweis:

Die in diesem Buch enthaltenen Informationen dienen ausschließlich informativen Zwecken und dürfen unter keinen Umständen als Ersatz für eine professionelle Beratung oder Behandlung durch ausgebildete und anerkannte Ärzte angesehen werden. Diese beinhalten keinerlei Empfehlungen bezüglich bestimmter Diagnose- oder Therapieverfahren. Die Inhalte dürfen niemals als eine Aufforderung zur Selbstbehandlung oder als Grundlage für Selbstdiagnosen und -medikation verstanden werden. Die Informationen spiegeln lediglich die Meinung des Autors wieder. Der Autor übernimmt für die Art oder Richtigkeit der Inhalte keine Garantie, weder ausdrücklich noch impliziert.

Sollten Inhalte des Buches gegen geltendes Recht verstoßen, dann bittet der Autor um umgehende Benachrichtigung. Die betreffenden Inhalte werden dann umgehend entfernt oder geändert.

Haftung für Links

Das Buch enthält Links zu externen Webseiten Dritter, auf deren Inhalte wir keinen Einfluss haben. Deshalb können wir für diese fremden Inhalte keine Gewähr übernehmen. Für die Inhalte der verlinkten Seiten ist stets der jeweilige Anbieter oder Betreiber der Seiten verantwortlich. Die verlinkten Seiten wurden zum Zeitpunkt der Verlinkung auf mögliche Rechtsverstöße überprüft. Rechtswidrige Inhalte waren zum Zeitpunkt der Verlinkung nicht erkennbar. Eine permanente inhaltliche Kontrolle der verlinkten Seiten ist jedoch ohne konkrete Anhaltspunkte einer Rechtsverletzung nicht zumutbar. Bei Bekanntwerden von Rechtsverletzungen werden wir derartige Links umgehend entfernen.